AF454661

ÉTAT DES LIVRES

*Du Fonds de Librairie de ***, provenant de celui de C. A. J.;
dont la Vente se fera en la Chambre Royale & Syndicale de la
Librairie & Imprimerie de Paris.*

On enverra un Avis qui indiquera le jour de la Vente.

Nombre.	ARCHITECTURE.	Propriété
112	Architecture Françoise, par Blondel, papier *nom-de-Jésus*, 4 vol. in-fol. avec 600 planches.	*deux tiers.*
56	Idem , papier grand raisin	*deux tiers.*
12	Tom. III. & IV. N. B. *Ces 600 Planches se vendent en détail par suites de Palais , Eglises, Hôtels, &c. Il y en a un Catalogue particulier. Et les deux tiers dans environ 700 Planches pour la continuation, qui se vendent séparément.*	
4	Les Délices de Paris & de ses environs, *in-fol.* gr. papier, contenant 210 pl. de vues perspectiv. de Paris, &c, avec les Exemplaires de la feuille du titre , avertissement, &c,	*deux tiers.*
2	Les Délices de Versailles & des Maisons Royales, *in-folio*, grand papier, contenant 13 feuilles d'impression, avec 220 planches de vues perspectives des Jardins & Bosquets de Versailles, Marly , Saint-Cloud, Sceaux , &c. . *deux tiers.*	
	Nota. Il y a 12 planches d'égarées & perdues.	
285	Exemplaires des 13 feuilles de Discours , sans figures.	
266	Deux Discours sur l'Architecture, par Blondel, brochure. . . .	*deux tiers.*
75	Discours sur l'Architecture, par Viallet, brochure , *in-octavo*. . . .	*deux tiers.*
194	Architecture moderne, par Jombert, en 2 vol. *in quarto*, gr. p. avec 150 pl.	*deux tiers.*
31	De la Décoration des Edifices, par Blondel , en 2 vol , *in-quarto* , gr. papier , avec 150 planches.	*deux tiers.*
	N. B. Il manque 40 planches perdues.	
14	Cours d'Architecture , par d'Aviler, *in-4*, grand papier	*deux tiers.*
	——*Il y a 84 planches , tirées sur les Discours , & 81 planches qui se tirent à part. Il y a 25 planches d'égarées.*	
	Nota. Cet Ouvrage est à réimprimer , en y faisant les changemens relatifs à l'Architecture actuelle ; & il n'y auroit que 4 planches nécessaires à regraver de celles perdues.	
318	*Suite.* Dictionnaire d'Architecture, par d'Aviler , *in 4*, grad papier. .	*deux tiers.*
	Reglès des cinq Ordres d'Architecture, par Vignole, *in-fol.* en 31 pl. grav.	*deux tiers.*
	——Le même Livre de form. *in-12*, avec les pl. de cuivre ; & un autre Vignole *in-12*, dont les pl. sont toutes neuves, mais sans la lettre, n'ayant pas encore servi.	*deux tiers.*

180 Regles des cinq Ordres d'Architecture de Vignole, *in-8*, gr. papier, faisant
le 1er. volume de la Bibliotheque d'Architecture, par Jombert, avec 67 pl. *deux tiers.*

424 Architecture de Palladio, *in-8*, gr. p. t. II de la Biblioth. d'Architecture, 75 pl. *deux tiers.*

460 Architect. de Scamozzi, *in-8*, g. p. t. III. de la Biblioth. d'Architect. avec 82 pl. *deux tiers.*

508 Parallele d'Architecture de Chambray, *in-8*, gr. p. t. IV de la Bibliotheque d'Architecture, avec 63 planches . . . . *deux tiers.*

— Le même Ouvrage, *in folio*, en cent planches gravées. . . . *deux tiers.*

N. B. *Il y a six planches de ce dernier Ouvrage, qui appartiennent à la Science des Ingénieurs.*

2 Œuvres d'Architecture de Jean le Pautre, en 3 volumes *in-fol.* petit format. Il y a trois feuilles de Titres & Tables.

Les 780 planches de cet Ouvrage, forment 832 demi-feuilles. Elles se vendent séparément par cahiers. Il y a un Catalogue détaillé.

Répertoire des Artistes, par Jombert, en 2 volumes *in-fol.* petit format, avec 686 planches, grandes & petites, formant 498 demi-feuilles.

Nota. *Le Nº. 23 en 16 planches, manque.*

Ces planches peuvent aussi se vendre par cahiers en détail.

260 Exemplaires des dix feuilles de Discours, sans les figures.

43 Maniere de bien bâtir, par le Muet, *in-fol.* en 100 pl. *Les planch. ne subsistent plus.*

Architecture-Pratique, par Bullet, *in-8*. 72ᵇᵈ

2 Œuvres d'Architecture de Jean Marot, *in-fol.* compl. *Les cuivres ne subsistent plus.*

Petit Œuvre d'Architecture de Jean Marot, *in-4*, gr. pap. en 222 pl. . . *deux tiers.*

Plans & Elévations du Temple & des Palais de Salomon, en 22 planches *in-fol.* avec des figures gravées par Sébastien le Clerc. . . . . *deux tiers*

201 Nouveau Traité de la Coupe des Pierres, par de la Rue, *in-fol.* grand papier. *Imprimerie Royale*, avec 100 planches. . . . . *deux tiers.*

Traité de la Coupe des pierres & des bois, par Frézier, en 3 vol. *in-4*, avec 114 pl. *deux tiers.*

453 . . . . Tome I.

494 . . . . Tome II.

524 . . . . Tome III.

156 Dissertation sur les Ordres d'Architecture, par Frézier, brochure *in-4*, nouv. édition augmentée . . . . : *deux tiers.*

200 — Le même en grand papier.

416 Elémens de Stéréotomie, où Abrégé de la coupe des pierres de Frézier, en 2 volumes *in-8*, avec 12 planches. . . . . *deux tiers.*

La Pratique du Trait du sieur Desargues, par Abr. Bosse, *in-8*, avec 117 pl. . *deux tiers.*

407 La Théorie & la Pratique du Jardinage, par M. d'Argenville, *in-4*, avec 49 planches. . . . . *deux tiers.*

206 Traité Physique de la culture & de l'exploit. des arbres, par M. Roux, *in-12*. . *deux tiers.*

260 Le Laboureur, par Alexandre Crasquin, brochure *in-12*. . . . . *deux tiers.*

325 L'Art de décorer les Jardins à l'Angloise, *in-8*, figures. . . . *deux tiers.*

210 Art de la Charpenterie de Mathurin Jousse, par M. de la Hire, *in-fol.* avec fig. *deux tiers.*

N. B. *Il y a 15 planches en cuivre, dont 8 appartiennent à l'Abregé du Cours de Mathématique de Wolf. in-8°.*

893 Traité de Charpenterie, & Tarif des bois, par Mésange, en 2 vol. *in-8*, avec figures, & 23 planches. . . . . *deux tiers.*

699 Tarif du Toisé de la Maçonnerie, par Mésange, *in-8*. . . . *deux tiers.*

812 Détails de Menuiserie, par Potain, *in-8*, avec 14 planches. . . *deux tiers.*

30 La Méchanique du Feu, par Gauger, *in-12*, avec 12 planches. . *deux tiers.*

189 Recherches sur les Digues, par MM. Bossut & Viallet, brochure *in-4*, grand papier, avec 7 grandes planches. . . . . *deux tiers.*

278 Théorie des Fleuves , traduit de l'Allemand de M. Silberschlag *in-*4 , avec 13 pl. *deux tiers.*
    N. B. *Ces deux Ouvrages ont été imprimés pour servir de suite à l'Architecture Hydraulique*
    de M. Bélidor , sur même papier & même format.
268 Nouveau Traité sur la construction des Digues , par M. Bourdet , *in-*8 , petit
    format , avec figures. . . . . *deux tiers.*

OUVRAGES DE M. BÉLIDOR.

199 Nouveau Cours de Mathématique , *in-*4 , avec 34 planches. . .   *tiers.*
 27 Le même Ouvrage tiré sur grand papier , avec les planches tirées.
213 La Science des Ingénieurs , *in-*4 , gr. pap. avec 52 planches . . *deux tiers.*
    Architecture Hydraulique. *Première Partie,* en 2 vol. *in-*4 , gr. p. avec 160 pl. . *deux tiers.*
519 . . . . Tome I.
670 . . . . Tome II.
    Idem. Seconde Partie, en 2 vol. *in-*4 , gr. pap. 120 planches
182 . . . . Tome I.
257 . . . . Tome II.
 97 Œuvres diverses de M. Bélidor , *in-*8 , avec 7 planches. . . . *deux tiers.*
443 Dictionnaire portatif de l'Ingénieur & de l'Artilleur , par Jombert , *in-*8. . *deux tiers.*

ŒUVRES DE M. L'ABBÉ DEIDIER, . . . *deux tiers.*

972 Elémens généraux des Mathématiques , par l'Abbé Deidier , nouv. éd. corrigée
    par M. l'Abbé Para , en 2 volumes *in-*4 , avec 47 planches.
103 La Mesure des Surfaces & des Solides , *in-*4 , & 17 planches.
127 La Méchanique générale , *in-*4 , avec 29 planches.
 28 La même en grand papier.
 45 Traité de Perspective théorique & Pratique , brochure *in-*4 , avec 15 planches ,
    nouvelle édition , par M. Cochin.
 50 Le Parfait Ingénieur François , *in-*4 , avec 50 planches , nouv. édition.
 23 Lettres d'un Mathématicien à un Abbé , *in-*12 , 3 Parties.
 25 Lettre & Dissertation de Mairan & Deidier , *in-*12 , 3 Parties.
355 Réfutation des Forces vives , *in-*12.

OUVRAGES DE M. LE BLOND. . . . *deux tiers.*

    L'Arithmétique & la Géométrie de l'Officier , en 2 volumes *in-*8 , & 46 plan-
    ches , *sous presse.*
841 Abrégé de la Géométrie de l'Officier , *in-*12 , nouv. édit. & 19 planches.
206 Arithmétique de l'Officier , *in-*8 , séparément , *Elle se vend à part.*
218 Géométrie Elémentaire & Pratique de M. Sauveur , par M. le Blond , *in-*4 ,
    2 tomes , avec 57 planches.
580 Elémens d'Algebre ou du Calcul Littéral , *in-*8.
646 Elémens de Fortification , *in-*8 , avec 37 planches.
943 Abrégé des Elémens de Fortification , *in-*12 , & 19 planches.
    Elémens de la Guerre des Sieges , contenant les Traités suivans , en 3 volumes
    *in-*8 , qui se vendent séparément , savoir :
683 —Artillerie raisonnée , *in-*8 , avec 30 planches.
571 Traité l'Attaque des Places , *in-*8 , & 18 pl.
638 Traité de la Défense des Places , *in-*8 , & 5 planches.

424 Elémens de Tactique , *in-*4 , avec 40 planches.

ART MILITAIRE.

176 Art de la Guerre, par le Maréchal de Puységur, *infol.* gr. pap. avec 41 pl. . *deux tiers.*
123 Le même, en 2 vol. , *in-4*, avec 51 planches. . . . . *deux tiers.*
　70 Extraits de l'Art de la Guerre, brochure *in-12.*
108 Mémoires Historiques & Militaires de Puységur, en 2 volumes *in-12.* . *deux tiers.*
132 Art de la Guerre-Pratique, par Saint-Geniès, en 2 volumes *in-12.* . *deux tiers.*
　　Art de la Guerre, par Quincy, en 2 volumes *in-12. A réimprimer.* . *tiers.*
248 Pensées sur la Tactique, par M. le Marquis de Silva, *in-8*, avec 12 planches . *deux tiers.*
258 Essai sur la Cavalerie, par M. de Hauteville. *in-4.* . . . . . *deux tiers.*
437 Politique Militaire, par M. du Châtelet, *in-12.* . . . . . *deux tiers.*
380 La M lice des Grecs, & la Tactique d'Elien, par M. de Bussy, *in-12*, 2 v. p. f. . *deux tiers.*
435 L'Art Militaire de Végece, Traduct. nouv. par M. le Chevalier de Bongars, *in-12.* *deux tiers.*
　19 Histoire du Vicomte de Turenne, par M. de Ramsay, en 2 vol. *in-4*, gr. pap. . *deux tiers.*
722 —La même, nouvelle édition, augmentée des deux dernieres campagnes de
　　　M. de Turenne, en 4 volumes *in-12*, avec 13 planches. . . . . *deux tiers.*
　24 Mémoires des deux dernieres Campagnes de M. de Turenne, séparém., *in-12*⎫
　　　Mémoires sur la Guerre & sur les Hôpitaux militaires, par M. de Turenne, ⎬ *deux tiers.*
　　　en 2 volumes *in-12.*⎭
147 Essai sur la Tactique de l'Infanterie, en 2 vol. *in-4*, avec 18 pl. . . . *deux tiers.*
572 Mémoires de M. de Feuquieres, en 4 vol. *in-12*, avec 12 planches. . . *deux tiers.*
　52 Réflexions politiques & militaires de Santa-Cruz, *in-12*, 11 volumes. . . 1/9ᵉ.
　　　Mémoires Militaires du Comte de Forbin, en 2 volumes *in-12.* . . . 48ᵉ.
　　2 Histoire de Polybe avec les Commentaires du Chevalier Folard, en 6 volumes⎫
　　　in-4, Paris avec les planches tirées.　　　　　　　　　　　　　　　　⎪
　12 —En 7 volumes, de Hollande.　　　　　　　　　　　　　　　　　　　　⎬ 1/9ᵉ.
139 Abrégé du Polybe du Chevalier Folard, par le Comte de Chabot, en 3 vol.⎪
　　　in-4, avec les planches tirées.　　　　　　　　　　　　　　　　　　⎭
484 Recherches d'Antiquités militaires, Ouvrage composé pour la défense du Che-
　　　valier Folard, par M. de Lo-Looz, *in-4*, avec 8 planches. . . . *deux tiers.*
　　2 Histoire Militaire de Louis XIV, par Quincy, en 8 volumes *in-4*, gr. pap.
　　　　　Manque le premier Volume.
122 Mémoires d'Artillerie, par Saint-Remy, en 3 vol. *in-4*, avec 110 planches. *deux tiers.*
125 Théorie du Méchanisme de l'Artillerie, par Dulacq, *in-4*, avec 40 planches. *deux tiers.*
　47 —Le même en grand papier.
210 Essai sur la poudre à canon, par M. de Morogues, *in-8.* . . . . *deux tiers.*
101 Traité des Feux d'Artifice, par Frézier, *in-8*, avec 14 planches. . . . *tiers.*
　　7 —Le même Ouvrage *in-4*, avec les planches tirées.
193 Manuel de l'Artificier, par Perrinet d'Orval, *in-12*, avec 12 planches. . *deux tiers.*
690 L'Ingénieur de Campagne, par Clairac, *in-4*, avec 36 planches. . . *deux tiers.*
　　　Œuvres de Vauban, 3 vol. *in-8*, savoir : . . . . *deux tiers.*
300 Tom. I. Attaque des Places, avec 19 planches.
654 　　　II. Défense des Places, 　　　　9
210 　　　III. Traité des Mines, 　　　　11
488 Traité des Mines & des contre-mines, par M. Prudhomme, *in-8*, avec figures. *deux tiers.*
238 Traité de la Défense des Places par les contre-mines, par M. de Valliere, *in-8*,
　　　avec 5 planches. . . . . *deux tiers.*
116 Mémoires de Goulon, sur l'Attaque & la Défense d'une Place, avec le Siege
　　　d'Ath, de Philisbourg, &c. *in-8*, avec 9 planches. . . . . *deux tiers.*

211 Relation du Siege de Grave, & de celui de Mayence ; *in-12*, avec 2 plans.   *deux tiers.*
636 Les Regles du Deſſein & du Lavis des plans, par Buchotte, *in-8*, avec 24 pl. *deux tiers.*
700 La Science des Ombres & le Deſſinateur à l'armée, par Dupain, *in-8*, avec 18 pl. *deux tiers*
162 Art de lever les Plans de tout ce qui a rapport à la Guerre, par Dupain, *in-8*,
    avec 5 grandes planches. . . . . *deux tiers.*

MATHÉMATIQUES.

568 Abrégé du Cours de Mathématique de Wolf, en 3 vol. *in-8*, avec 69 planch. *deux tiers.*
 47 Nouveau Cours de Mathématique, par l'Abbé Plaid, en 2 v. *in 8*, avec 20 pl. *deux tiers.*
379 Le Guide des jeunes Mathématiciens, traduit de l'Anglois de Jean Ward,
    in-8, avec 16 planches . . . . . : . . *deux tiers.*
 40 Dictionnaire universel de Mathématique & de Phyſique, par Savérien, en 2
    volumes *in 4*, grand papier moyen, avec 100 planches. . . . *deux tiers.*
 41 —Le même en beau *grand-raiſin*, papier fin, avec les figures tirées.
    Hiſtoire générale des Mathématiques, par M. Montucla, en 2 v. *in-4*, 15 pl. *deux tiers.*
 80 Hiſtoire des Recherches ſur la Quadrature du cercle, par le même, *in-12* . *deux tiers.*
    Recueil des Pieces qui ont remporté le prix de l'Acad. des Sciences, en 6 v. *in-4.* 6e.
 82 —Les deux premiers volumes du même Ouvrage, ſéparément, *rare.*

ARITHMÉTIQUE.

 3 Arithmétique-Pratique d'Irſon, *in 4*
 9 Traité d'Arithmétique Théori-Pratique, par M. Parent, *in-8*. . : : *deux tiers.*

GÉOMÉTRIE.

514 Connoiſſances géométriques néceſſaires à un Officier, par M. Dupain, *in-8*, 7 pl. *deux tiers.*
221 Géométrie de l'Arpenteur, par M. Doyen, *in-8*, avec 15 planches. . . *deux tiers.*
 79 Traité de Géométrie Théori Pratique, par M. Parent, *in-8*, avec 14 pl. tirées. *deux tiers.*
613 Géométrie des Artiſtes, par Séb. le Clerc, *in-8*, avec 56 planches . . *deux tiers.*
 22 Pratique de la Géométrie, par Sébaſtien le Clerc, *in-12*, avec 81 pl. . . *deux tiers.*
 85 Elémens de Géométrie, par le P. Lamy, *in-12*. . . . . 2/20^es
    Traité du Nivellement, par le Capitaine Lefebvre, broc. *in-4*, avec 7 gr. pl. *deux tiers.*

ALGEBRE.

243 Elémens d'Algebre, traduits de l'Anglois de Maclaurin, par M. le Cozic, *in-4*,
    avec 13 planches. . . . . *deux tiers.*
 60 Elémens de Mathématiques, ou Traité de la Grandeur, par le P. Lamy, *in-12*. 2/20es.
168 Des communes Meſures & Quantités littérales, par Taneguy Lefebvre, *in 8*. *deux tiers.*

ANALYSE.

 5 Analyſe démontrée par le Pere Reyneau, en 2 volumes *in 4.* ⎰
26 La Science du Calcul, par le même, en 2 volumes *in-4.*   ⎱ 24e.
50 Uſage de l'Analyſe de Deſcartes, par de Gua, *in 12. les 4 planch. manquent.* . *deux tiers.*
27 Introduction à l'Analyſe des Lignes courbes algébriques, par Cramer, *in-4*, avec
    33 planches. . . . . *deux tiers.*
72 Traité des courbes algébriques, par Gondrin, *in-12*, *les planches manquent.* . *deux tiers.*
350 Elémens de la méthode des Fluxions, par Maclaurin, en 2 vol. *in-4*, avec 30 pl. *deux tiers.*

290 Abrégé de la Méthode des Fluxions de Maclaurin, par M. le Monnier, br. *in*-8. *deux tiers.*
150 Traité analytique des Sections Coniques, par Muller, *in*-4, avec 18 pl. . . *deux tiers.*
165 Application de la Géométrie aux Calculs, par M. Robillard, *in*-4, avec 30 pl. *deux tiers.*

MÉCHANIQUE.

290 Nouvelle Méchanique ou Statique, par M. Varignon, en 2 vol. *in*-4, avec 65 pl. *deux tiers.*
    Traité du Mouvement des eaux, par Mariotte, *in*-12, avec une planche. . *deux tiers.*
211 Recueil de Machines du Cabinet de M. de Servieres, *in*-4, avec 100 pl. tirées. *deux tiers.*
 91 id. *sans figures tirées.*
265 Traité des Forces mouvantes, par Defcamus, *in* 8, *les planches font perdues.* . *deux tiers.*
267 Traité des Echappemens à reffort & à récul, par M. Jodin, *in*-12, avec 3 pl. . *deux tiers.*

PERSPECTIVE.

113 Traité de Perspective-pratique, par Courtonne, *in-fol.* avec 33 planches. . *deux tiers.*
    Perspective-pratique de l'Architecture, par Bretez, *in fol.* en 58 pl. gravées . *deux tiers.*
129 Traité de Perspective à l'ufage des Artiftes, par Jeaurat, *in*-4, avec les Vignet-
    tes, Fleurons, & les 100 planch. tirées fur le Difcours. . . . . *deux tiers.*
508 Exemplaires du même Ouvrage fans figures tirées fur le Difcours,
    No. a. *Il y a 10 planches de perdues.*
    Maniere univerfelle de pratiquer la Perspective de M. Defargues, par Abr.
        Boffe, en 2 volumes *in*-8, grand papier, avec 117 planches.
    Petite Perspective de Defargues, par Boffe, *in*-8, 30 planches.   } *deux tiers.*
    Leçons de Géométrie & de Perspective, données dans l'Académie de Peinture,
        par Abr. Boffe, *in*-8, avec 59 planches.
228 Effai d'Optique fur la graduation de la lumiere, par Bouguer, *in*-12, avec 3 pl. *deux tiers.*

GNOMONIQUE.

    Horlogiographie, par le P. de la Magdelaine, *in* - 8 , avec 73 planches,
        retouchées pour une nouvelle édition. . . . . *deux tiers.*
    Maniere univerfelle de M. Defargues pour les cadrans folaires, par Abr. Boffe,
    in-8, grand papier, avec 50 planches. . . . . *deux tiers.*

COSMOGRAPHIE.

268 La Géographie rendue aifée, par M. de Leris, *in*-8. . . . . . *deux tiers.*
 43 Syftême moderne de Cofmographie, par l'Abbé de Brancas, *in*-4, brochure.
    Les planches font effacées.
 15 Obfervations aftronomiques & géographiques faites à la Chine, par le P. Sou-
    ciet, en 3 volumes *in*-4.

ASTRONOMIE.

 69 Aftronomie-Phyfique, par M. de Gamaches, *in*-4, avec 23 planches. . . *deux tiers.*
374 Hiftoire générale & particuliere de l'Aftronomie, en 3 volumes *in*-12. . . *deux tiers.*
    Nouvelles Penfées fur le fyftême de Defcartes, &c. par Bernoulli, brochure
    in-4, avec une planche. . . . . *deux tiers.*
 15 Entretiens fur la caufe de l'inclinaifon des orbites des planetes, par M. Bouguer,
    brochure *in*-4, 2 planches. . . . . *deux tiers.*
 21 La figure de la terre déterminée par MM. Bouguer & de la Condamine, *in*-4,

avec 9 planches, dont deux fort grandes. *Rare.* . . . . . *deux tiers.*
281 Voyage en Californie, pour obferver le paffage de Vénus, par M. l'Abbé Chappe,
　　*in-*4, avec 4 planches. . . . . *deux tiers.*
457 Voyage dans l'Ifle de Saint-Pierre, pour éprouver les Montres marines, par
　　M. Caffini fils, *in-*4, avec 10 planches. . . . . . . *deux tiers.*

M A R I N E.

324 Elémens d'Architecture navale, par M. Duhamel, *in-*4, avec 24 planches. . *deux tiers.*
334 Traité du Navire, par M. Bouguer, *in-*4, avec 12 planches. . . . *deux tiers.*
　　De la Mâture des Vaiffeaux, par M. Bouguer, avec les deux Pieces qui ont
　　concouru, en 1727, *in-*4, avec 10 planches.
162 Méthode pour mefurer en mer la hauteur des Aftres, par M. Bouguer, bro-
　　chure *in-*4, avec deux planches.
　　Méthode pour obferver fur mer la déclinaifon de la bouffole, par le même,
　　brochure *in-*4, 2 planches.　　　　　　　　　　　　　　　　　　 } *deux tiers.*
262 Théorie de la manœuvre des Vaiffeaux, réduite en pratique, par M. Pitot,
　　*in-*4, avec 9 planches.
314 L'Art de mefurer en mer le fillage du vaiffeau, par M. Savérien, *in-*8, 4 pl.
　80 Méthode pour réduire les routes de navigation, par Lemare, *in-*8.
494 Dictionnaire portatif de Marine, par M. Savérien, 2 vol. *in-*8, avec 4 pl. . *deux tiers.*
　3 Dictionnaire de Marine, *in-*4, imprimé à Amfterdam.
　　Inftructions pour les Mariniers, trad. de l'Angl. de M. Hales, *in* 12, à réimprimer. *tiers.*
126 Obfervations fur le Commerce maritime, brochure *in-*12. . . . . *deux tiers.*
364 Acte de navigation donnée par le Parlement d'Angleterre, brochure *in-*12. . *deux tiers.*
120 Voyageur autour du Monde par l'Amiral Anfon, en 4 volumes, *in-*12, Paris,
　　avec les figures tirées. . . . . *Un* 15°.

P H I L O S O P H I E E T P H Y S I Q U E.

541 Nouveau Cours de Phyfique expérimentale, par Defaguliers, en 2 volumes
　　in 4. avec 78 planches. . . . . *deux tiers.*
209 Elémens de Phyfique-Mathématique, par M. S'Gravefande, 2 vol. *in-*8, 50 pl. *deux tiers.*
　　Obfervations curieufes fur toutes les parties de la Phyfique, en 4 vol. *in-*12.
　　Les deux premiers volumes à réimprimer. . . . . . . *deux tiers.*
586 . . . . *Idem*, Tome III.
526 . . . . *Idem*, Tome IV.
102 Nouvelle explication du flux & reflux de la mer, par M. l'Abbé de Brancas,
　　*in-*4.
　　De Caufa gravitatis Phyfica generali ; Auctore Bulfinger, brochure *in-*4. avec
　　2 planches.
　　Traité des petits Tourbillons de la maniere fubtile, par le P. Maziere, bro-
　　chure *in-*4.　　　　　　　　　　　　　　　　　　　　　　 } *deux tiers.*
439 Principes du fyftême des petits Tourbillons, par l'Abbé Delaunay, *in-*12.
　85 Nouveau Syftême du mouvement, par M. de Gamaches, *in-*12.
　　Difcours fur la communication du mouvement, par M. Jean Bernoulli,
　　brochure *in-*4. avec 5 planches.
　　Difcours fur le mouvement, par M. Croufaz, broch. *in-*4. 1720, 1 planche.
　　Traité des Senfations, par M. l'Abbé de Condillac, en 2 vol. *in-*12.
369 Traité des Animaux, par le même, *in* 12.　　　　　　　 } *deux tiers.*
425 Traité des Syftêmes, par le même, *in-*12.

197　Les Clefs de la Philofophie Spagyrique, par M. le Breton, *in*-16.　　　　*deux tiers.*

186　Principes de Phyfique rapportés à la Médecine, & Traité des métaux & des
　　　minéraux , par M. Chambon, 2 vol. *in*-12.　　　　　　　　*deux tiers.*

178　Effais philofophiques fur le méchanifme de l'Univers, par M. de Lanfac, *in*-12.　*deux tiers.*

A N A T O M I E.

460　Œuvres Anatomiques de M. Duverney, de l'Académie des Sciences, en 2
　　　volumes *in*-4. avec 30 planches.　　　　　　　　　　　*deux tiers.*

84　Le Gentilhomme Maréchal, avec la fuite, traduit de l'Anglois, en 2 vol.
　　　in-12, & 2 planches.　　　　　　　　　　　　　　*deux tiers.*

200　La Suite du Gentilhomme Maréchal, féparément, *in*-12.

H I S T O I R E　N A T U R E L L E.

245　Traité des Abeilles, & de la maniere de les élever, *in*-16.　　　　*deux tiers.*

118　Le Microfcope mis à la portée de tout le monde, trad. de l'Angl. *in*-8. avec fig. *deux tiers.*

A R T S　E T　S C I E N C E S,　D I C T I O N N A I R E S.

9　Dictionnaire des Arts & des Sciences, connu fous le nom de Dictionnaire de
　　l'Académie, en 2 volumes *in*-*folio*.　　　　　　　　　　*tiers.*

259　Dictionnaire univerfel des Sciences Eccléfiaftiques, par le P. Richard, en 6 vo-
　　　lumes *in*-*folio*, y compris le Supplément.　　　　　　　*deux tiers.*
　　　Nota. Il manque une ou deux feuilles à 21.

155　— Le Supplément, ou Tome fixieme, féparé, *in*-*folio*.

263　*Novitius*, ou Dictionnaire univerfel Latin-François, en 2 vol. *in*-4. gr. p.　　2/9es

510　Dictionnaire Efpagnol & françois, par M. de Sejournant, en 2 vol. *in*-4.
　　　Petit texte.　　　　　　　　　　　　　　　　　*deux tiers.*

394　Dictionnaire portatif des Théâtres, par M. de Leris, *in*-8. nouv. édit.　*deux tiers.*

A R T S　L I B É R A U X.

40　Regles de la Poéfie Françoife, par M. de Châlons, *in*-12.　　　*deux tiers.*

262　Traité hiftorique & moral du Blafon, en 2 volumes *in*-12.　　*deux tiers.*
　　　Recueil de Chanfons de l'Ordre de la Maç. *in*-12, en 96 planches gravées,
　　　avec les airs notés.

76　Lettres au Prince Royal de Suede, par M. le Comte de Teffin, en 2 vol. *in*-12. *deux tiers.*

58　La Rhétorique, ou l'Art de parler, par le Pere Lamy, *in*-12.　　2/20es

A R T S　M É C H A N I Q U E S.

L'Art de Tourner en perfection, par le P. Plumier, *in*-*folio*, avec 80 planches, *deux tiers.*
　　　La planche 51 manque.

911　Manuel Métallo-echnique, ou Nouveau Recueil de Secrets concernant les
　　　Arts & Métiers , *in*-12.　　　　　　　　　　　　*deux tiers.*

202　Le nouveau Teinturier parfait, en 2 volumes *in*-12.　　　*deux tiers.*

L'Art de la Verrerie, par Haudiquer de Blancourt, en 2 volumes *in*-12 , avec
　　　8 planches. *A réimprimer.*

46　Méthode pour laver & fondre les mines de fer, par M. Robert, broch. *in*-12,
　　　avec 2 planches.　　　　　　　　　　　　　　　*deux tiers.*

270 Le Vernisseur parfait, ou Manuel du Vernisseur, *in-12.* . . . . *deux tiers.*
480 L'Art du Maroquinier, par M. Quemiser, *in-12.* . . . . *deux tiers.*
186 L'Art de faire l'Indienne à la maniere d'Angleterre, & de composer les cou-
    leurs, par M. de Lormois, *in-12.* . . . . . . *deux tiers.*
127 Traité du Jaugeage, *in-12.* : . . . . . *deux tiers.*

D E S S I N.

198 Méthode pour apprendre le Dessin, avec les Académies de M. Cochin, &c.
    par Jombert, *in-4.* grand papier, & 100 planches. . . . *deux tiers.*
307 Théorie de la figure humaine, traduite du Latin de Rubens, par Jombert,
    in-4. grand papier. 45 planches. . . . . . . *deux tiers.*
299 Principes du Dessin, d'après les plus ' 'les Artistes de l'Académie, *in-4.*
    grand papier. 148 planches. . . . . . . *deux tiers.*
400 Recueil de charges & de têtes de caractere, par Léonard de Vinci, *in-4.*
    grand papier, & 60 planches. . . . . . . *deux tiers.*
171 Abrégé d'Anatomie à l'usage des Peintres, par Tortebat, *in-folio.*, nouvelle
    édition, avec 10 planches. . . . . . . *deux tiers.*

G R A V U R E.

514 Traité de la maniere de graver à l'eau-forte & au burin, par Abr. Bosse,
    augmenté considérablement par MM. Cochin & Jombert, *in-8*, avec
    21 planches. . . . . *deux tiers.*
    Recueil des pierres gravées du Cabinet du Roi, par M. Mariette, en 2 vol.
    in-fol. petit format. *A réimprimer.* . . . . . *deux tiers.*
        Les 250 planches sont en bon état pour une seconde édition, la premiere n'ayant été
        tirée qu'à 500.
134 Recueil d'Emblêmes, Devises, Chiffres, &c. par Verrien, *in-8.* avec 240 pl. *deux tiers.*
    Recueil d'Estampes gravées par Tempeste & Cheveau, représentant les tour-
    mens des Martyrs, *in-4.* en 45 planches. . . . . . *deux tiers.*

P E I N T U R E.

    Œuvres diverses de M. de Piles, sur la Peinture, en 5 volumes *in-12*, conte-
    nant les Traités suivans qui se vendent séparément. . . *deux tiers.*
86 Cours de Peinture par principes, par M. de Piles, *in-12.*
123 Abrégé de la Vie des Peintres anciens & modernes, par le même, *in-12.*
335 Elémens de Peinture-Pratique, par le même, *in-12*, nouvelle édition
    augmentée par Jombert, Paris.
10 L'Art de Peinture d'Alphonse Dufrenoy, par le même, *in-12.*
247 Recueil d'Ouvrages sur la Peinture & le Coloris, par le même, *in-12.*

164 L'Etat présent des Arts en Angleterre, par M. Rouquet, *in-12.* . . *deux tiers.*
152 Catalogue de l'Œuvre de Ch. Nic. Cochin, fils, Dessinateur & Graveur du
    Roi, par Ch. Ant. Jombert, *in-8.* . . . . . *deux tiers.*
92 Essai d'un Catalogue de l'Œuvre d'Etienne de la Belle, par le même, *in-8.* *deux tiers.*
602 Catalogue de l'Œuvre de Sébastien le Clerc, par le même, en 2 vol. *in-8.* . *deux tiers.*
407 Voyage d'Italie, par M. Cochin, en 3 vol. *in-8.* petit format. . : . *deux tiers.*

3 Observations sur les Antiquités d'Herculanum, par MM. Cochin & Bellicard,
  in-12, nouv. édit. augmentée, & 41 pl.

8 Œuvres diverses de M. Cochin, sur la Peinture & sur les Arts, en 3 vol. in-12.

240 . . . . Tom. II.

80 . . . . III.

160 derniere Partie du tome 3e., & Titres des trois volumes.
   Nota. *Les Mysotechiques aux Enfers forment le commencement du troisieme volume.*

309 Lettres à un Artiste à Rome, par le même.

139 Lettres sur l'Opéra, par le même.

244 Discours prononcés à Rouen, par le même.

Les Mysotechnites aux Enfers, in-12, avec 8 Vignettes par Cochin.

357 Projet d'une Salle de Spectacle, par M. Cochin, in-12, avec 6 planches.

124 Exposition des Principes de l'ordonnance - Théâtres modernes, par Monginot,
    brochure in-12. . . . . *deux tiers.*

deux tiers. (accolade embrassant les articles ci-dessus)

SUPPLÉMENT AUX PLANCHES D'ARCHITECTURE.

La petite Galerie du Louvre, exécutée d'après les Dessins de Charles le Brun, premier Peintre du Roi, & gravée par Audran, en 42 planches *in folio*. Elle se vend. 12 liv.

Recueil de Fontaines gravées par Audran, d'après les Dessins de Charles le Brun, en 31 planches, formant 16 demi-feuilles sur le *nom-de-Jésus*. Cette suite se vend 9 liv.

Dessins de plafonds d'Architecture, inventés par le sieur Charmeton, & gravés par Gérard Audran. En six grandes planches sur la feuille entiere. 2 liv. 8 s.

Dessins de ceintres & panneaux pour les Carrosses, & autres ornemens, inventés par G. Charmeton, Peintre, gravés par N. Robert. En six planches sur la demi-feuille. 1 livl 10 s.

Plusieurs sortes de Masques & ornemens divers, inventés par G. Charmeton, Peintre, & gravés par N. Robert. En quatre livres, de six planches chacun, sur la demi-feuille. *Chaque livre se vend* 1 liv. 4 s.

Parallele des grands Edifices anciens & modernes, en 2 grandes planches, par Messonnier, qui se vendent 2 liv. 8 s.

Recueil des vues d'Italie, en 20 planches, sur la demie-feuille de *grand-raisin*, dessinées & gravées par Perelle, 6 liv.

Nota. Les deux tiers dans toutes ces Planches.

---

144 Elémens de l'Art Militaire ancien & moderne, par M Cugnot, 2 vol. in-12,
    avec 12 planches.

438 Fortification de campagne, Théorique & Pratique, par Cugnot, in-12, avec
    12 planches.   *entiere.*

653 Théorie de la Fortification, in-12, par le même, avec 10 planches.

20 Ecole de Fortification par le Fallois, in-4. avec figures.

266 Instruction aux Officiers d'Infanterie sur la fortification de campagne, par
    Gandi, in-8. avec 39 planches.   *deux tiers.*

541 Le Guide de l'Officier particulier en campagne, par M. de Cessac, in-8. 2 vol.
    avec 17 planches.   *entiere.*

6 Cours de Science Militaire, par Bardel de Villeneuve, 15 vol. in-8.

454 Instruction Militaire du Roi de Prusse à ses Généraux, in-12, avec 13 pl.   *entiere.*

311 Constitution militaire du Roi de Prusse.   *entiere.*

250 Lettres du Roi de Prusse à ses Généraux, *in*-12 . . . . *entiere.*
264 Principes de l'Art de la Guerre, *in*-8, avec 8 planches . . . . *deux tiers.*
151 Essai de Tactique par M. de Guibert, *in* 8, 2 vol. figures.
661 Défense du Système de Guerre moderne, par le même, *in*-8, 2 vol. & 9 gr.
    pl. figures tirées. . . . . *deux tiers.*
175 Réflexions morales relatives au militaire François, *in*-8. . . . . *deux tiers.*
 30 Réflexions sur les Préjugés Militaires, par M. de Brézé, *in*-8.
    Les Rêveries du Maréchal de Saxe, *in*-4, 2 vol. . . . . . . 31ᶜ.
 22 Esprit de Tactique du Maréchal de Saxe, *in*-4, 2 vol. fig.
207 Ruses de Guerre de Polyen, & Stratagêmes de Frontin, 3 vol. *in*-12. . . . *entiere.*
 82 Végece, petit *in*-12. . . . . *entiere.*
 68 Le Parfait Capitaine, *in*-12. . . . . 8ᵉ.
    Manuel de l'Infanterie, *in*-12.
646 Manuel du Dragon, *in*-12.
212 Détails Militaires, par M. Chenevieres, 4 vol. *in*-12.
518 *Idem.* Tome V & VI.
239 Petite Guerre de Grandmaison, *in*-12.
138 Artillerie nouvelle, *in*-8.
 27 Lettres d'un Officier du Corps, *in*-8.
 50 Observations & Expériences sur l'Artillerie. *In*-8.
526 Du Service de l'Artillerie à la Guerre, traduit de l'Italien d'Antoni, par M. de
    Morozard, avec des Notes, *in*-8, 12 planches. . . . . . . *deux tiers.*
 44 Nouveaux Principes d'Artillerie, par Robins, traduits par Dupuy, *in*-8, fig.
 34 Mémoires sur les nouveaux Systêmes d'Artillerie, *in*-8.
 85 Réponse à l'Artillerie nouvelle, *in*-8.
 99 Eloge de M. de Valliere, *in*-8. . . . . *deux tiers.*
 72 Réponse à la Brochure intitulée, *l'Ordre profond & l'Ordre mince*, *in*-8.
135 Tactique navale, *in*-4, grand papier, avec figures.
 20 Pensées sur la Tactique, *in*-4.
100 Observations militaires, par M. de Boussanelle, *in*-8. . . . . *entiere.*
514 Expédition de Cyrus, *in*-8, traduction nouvelle, par M. le Comte de la Luzerne
 56   *Idem*, *in*-12, 2 volumes.
240 —— *Idem*, 3ᵉ édition, 2 vol. *in*-12, avec 3 planches. . . . . *deux tiers.*
 38 Annibal & Scipion, *in*-8.
484 Leçons de Calculs différentiel & intégral, par M. Cousin, Lecteur au College
    Royal, *in*-8, 2 vol. . . . . *entiere.*
 86 Algebre de Saunderson, *in*-4, 2 vol.
  2 Tables des Logarithmes de Gardiner, *in-folio.*
  8 Elémens d'Algèbre de Clairaut, *in*-8. . . . . *seizieme.*
310 Elémens de Géométrie du même. . . . . *seizieme.*
312 Calcul des Rentes viageres sur une & plusieurs têtes, *in*-4. . . *deux tiers.*
 20 Le Manuel de l'Arpenteur, par M. Ginet, *in*-8, 21 planches. *sous presse.* *entiere.*
619 Toisé général des Bâtimens, par M. Ginet, *in*-8, avec 26 planches. . . *entiere.*
316 Traité des Ponts, par Gautier, *in*-8, avec 31 planches. . . . . *entiere.*
371 Traité des Chemins, par le même, *in*-8, avec 6 planches. . . . *entiere.*
 75 Observations sur l'Architecture, par Laugier, *in*-12.
119 Recherches sur le Briquetage de Marsal, *in*-8.
208 La Pyrothecnie-Pratique, *in* 8, avec 7 planches. . . . . . *deux tiers.*
125 Le Détail général des Fers, *in*-8.

 88 Essai sur la Marine des Anciens, par Deslandes, in-12.   entiere.
 22 Réflexions sur la Peinture, par Hagedorn, in-2 12 vol.
 22 Traité de la Peinture, par Dandré Bardon, 2 vol. in-12.
 44 Philosophie de Massuet, 2 vol. in-12.
 66 Philosophie Neutonienne de Pemberton, in-12.
586 Utopie de Thomas Morus, traduction nouvelle, in-12.   deux tiers.
 70 Voyage d'Ulloa, in-4, 2 vol. figures.
468 Connoissance de l'Astronomie, par Dicquemard, in-8, 25 planches.   entiere.
937 Principes d'Astronomie, par Wadelincourt, in-8, 40 figures en 4 planches. entiere.
 76 Gnomonique de Garnier, in-8, figures.
 69 Œuvres de Mariotte, 2 vol. in-4, figures.
 37 Neutoni Opuscula, in-4, 3 vol.
100 Observations critiques sur la Physique Neutonienne, in-8.
 33 Œuvres de Pardies, 3 vol. in-12.
     Voyages Métallurgiques, par M. Jars, in-4, 3 vol.   un tiers.
 56   .   .   .   .   Tome I.   avec 10 planches.
154   .   .   .   .   Tome II.   avec 28 planches.
115   .   .   .   .   Tome III.   avec 14 planches.
147 Géométrie souterreine, du même, avec 7 planches tirées du tome second
     des Voyages Métallurgiques.   .   .   un tiers.
 98 Mémoire sur la meilleure maniere de construire un Hôpital ; par M. Petit,
     Médecin. Brochure, in-4. avec deux Planches.   entiere.
 96 Maniere de déterminer les longitudes en mer. Brochure in-4.
284 Histoire Naturelle d'Espagne, in-8.   deux tiers.
196 Nouvelles Considérations sur Saint Domingue ; par M. Dubuisson, in-8. deux tiers.
619 Histoire de la derniere Révolution de l'Amérique ; par M. Dubuisson ; in-12. deux tiers.
454 Loix & Constitutions de l'Amérique Angloise, in-12.   deux tiers.

OUVRAGES DE M. L'ABBÉ PARA.

826 Elémens de Physique, in-8, figures.
790 Métaphysique, 3 vol. in-8.
913 Elémens de Métaphysique, in-8.   } deux tiers.
309 Traité du Nivellement, in-12.
388 Philosophie de la religion, en 2 volumes in-12.
     Voir les traités avec l'Auteur.

615 Tableau de la Religion, in-8, figures.
750 Théorie des Êtres sensibles, ou Cours complet de Physique, in-8, 4 vol. nouv. édition,
     avec figures. Sous presse.
750 Théorie des nouvelles Découvertes en genre de Physique & de Chymie, Supplément
     au Cours de Physique, ou tome V.e, in-8, avec figures.

*Pour ces derniers Ouvrages, dont voilà la moitié de l'Édition, le traité avec l'Auteur, est qu'elle se
fait à moitié frais. On retirera d'abord les frais, & ensuite on partagera avec lui sur le pied de province.*

On paiera les frais de la Physique, 5 vol.